このいのちを生きて

―病とともに歩む道―

海谷則之
Umitani Noriyuki

このいのちを生きて

―病とともに歩む道―

海谷則之

はじめに

桜の季節になると、平成十年に受けた食道がん手術のことを想い出します。がんのことは早く忘れたいとか、忘れようとかいうのではなくて、かえって〝癌《がん》〟は病と生きる意味について本気で考える契機となりました。その年の秋には、転移した両肺への抗がん剤治療を受けていました。〈もしかして年を越せないかも…〉との思いがあり、年末には『癌も ご縁でした』（本願寺出版社）をやっとの思いで出版することができました。現在、いくつかの後遺症はありますが、おかげさまで充実した生活を送っております。

「一寸先は闇《やみ》」といいますが、その闇の向こうにこそ、「光」のお浄土があると信じて毎日を過ごさせていただいています。病のきびしい現実をどのように乗り越えていったらよいのか。病に対しては回復の希望をもって対処していかなければなりませんが、しかし時には回復が見込めないこともあります。そうした絶望的な状況に陥っても、なお一日一日を幸せに生きる道はないのか。そのことをいつも考えてきました。

それは病に随《したが》って生きる「随病《ずいびょう》」という生き方であり、つらい病の身ではあってもけっして自分自身を失わず、病から学びながら前向きに生きることでした。言い換えると、大慈大悲《だいじだいひ》のいのちに身をゆだねる生き方でした。

たまに、「その後、体の調子はいかがですか」と聞かれることがあります。そんなとき、がんのことを覚えていてくださって、ありがたく思います。どんなに嫌な病であっても、これも〝ご縁〟だと思えば、どこまでも付き合っていくしかありません。

平成二十七年四月、グループサウンズ、ザ・ワイルドワンズのリーダー加《か》瀬邦彦《せくにひこ》さんが自宅で自死されたと報じられました。七十四歳でした。くしくもこの日は、かれに大きな影響を与えたビートルズの元メンバー、ポール・マッカートニーの日本公演初日だったのです。加瀬さんが作曲した「想い出の渚《なぎさ》」は学生時代から大好きな曲でした。じつはかれは、わたしの食道がんの手術より四年前の、平成六年に同じ食道がんの手術をしていたのです。がんは完治し、これまで作曲とステージ演奏に精力的に活躍されていました。じゅうぶん健康管理につとめておられたのでしょうが、平成二十六年三月、下咽頭《かいんとう》がんの手術をされ、自宅療養中だったようです。声を失ってどんなにか苦しまれたことと思います。かれのがんの再発はけっして他人事《ひとごと》ではなく、あらためてがんの恐ろしさを痛感したことでした。

二十年生き延びることができたら続編を書いてみたいと考えていましたが、月刊「大乗」誌の「病に生きる」欄に、平成二十六年の五月号から十三回にわたって連載する機会をいただき、不思議なご縁を感じています。出版に当たり、「大乗」誌の本文を多少加筆訂正して出版することになりました。文中で言葉足らずやご無礼になったところは、どうかご寛恕《かんじょ》たまわりたく存じます。なお、同誌の「読者のひろば」ではうれしいコメントも寄せていただき、誠にありがとうございました。

平成二十八（二〇一六）年十月

著者

目次

第一章

支えあって生きる

草津温泉の「湯畑」

支えあう〝いのち〟

わたしは学生時代、本願寺中央日曜学校の教師（指導者）をしていました。昭和四十年秋に、本願寺会館（現龍谷ミュージアムの場所）の大ホールで第五十回報恩講児童大会を開催しましたが、平成二十六年には百周年記念大会に参加させてもらい、歴史の重みを感じるとともに、先輩、後輩の方がたともお会いできて、楽しい時間を過ごさせていただきました。

当時の仲間の一人に故・戸須智淳《とすちじゅん》氏がいました。

かれは平成十三年三月、五十四歳で亡くなりました。龍谷大学大学院修士課程を修了後、自坊（福岡県田川市・友末寺《ゆうまつじ》）にもどって積極的に布教活動をしていました。昭和五十四年には住職となり、本堂や庫裡《くり》、納骨堂の修復をしました。後でわかったことですが、体調をくずし平成二年に咽頭《いんとう》がんの手術をしていたのです。

わたしが食道がんの手術をした翌年の正月に、かれから年賀状を頂戴《ちょうだい》しました。

それは、いつもの内容と少しちがったものでした。一月四日付けの年賀状には、前年十一月にお嬢さんが嫁《とつ》がれ、年末にはご母堂《ぼどう》が心筋梗塞《しんきんこうそく》で急死されたことが記されていました。

母は七十九歳で、如来様の待たれている倶会《くえ》一処《いっしょ》のお浄土にかえりました。昨日（一月三日）初七日《しょなぬか》の法要を勤め、年末年始と悲喜こもごもな毎日を送りました。あらためて、お念仏の機会を頂《いただ》きました。今年もよろしくご指導をお願い致します。合掌

とありました。そして、余白にペンで、

先日、母のいとこに当たる方から、食道がんの手術を受けられたことを聞きました。いかがですか？　わたしは声帯は半分のこり、いくらか話せます。お気をつけてください。智淳

と書き添えてありました。

そのときは、「声帯は半分のこり」という意味がよくわかりませんでした。

それから三日ほど経った夜のこと、かれから突然、電話がありました。二十七、八年ぶりに聞く懐かしい声でした。そのとき初めて咽頭がん手術のことを知り、声帯のことがわかったのです。

かれによると、近くで話せば辛《かろ》うじて気持ちを伝えることはできるけれど

も、唾《つば》を呑み込むことができないので、ハンカチかティッシュで拭き取らなければならないとのことでした。そして、手術前に主治医から術後は声が出なくなるだろうと聞かされていたから、テープに必要なお経と『御文章《ごぶんしょう》』などを録音しておき、それを持ってご門徒の家にお参りしているとのこと。こんなにたいへんなご苦労をなさっていることに、驚愕《きょうがく》いたしました。電話には拡声器がついているので、何とか話ができるとのことでした。最後に、『先輩も頑張ってください！』とつよく励ましてくれたのです。この言葉にわたしはこれまでどれほど支えられてきたことでしょう。じつはこれがかれとの最後の会話になりました。

かれは、咽頭がんから十年経った平成十二年六月、今度は食道がんを発症し、その後肺がんから脳への転移となり、平成十三年三月九日に往生したのです。春彼岸が終わった二十八日に、お寺で葬儀が執《と》り行われました。その遺影《いえい》は若いときと少しも変わりませんでした。わたしは読経中、学生時代のことや電話での話のことが次々と想い出されてきて、涙が止まりませんでした。

わたしのばあい、初めて食道がんの宣告を受けたときは「死」の恐怖というものはなく、切除すればよくなるという安心感がまだありました。むしろその後に、両肺へのがん転移がわかったときの方がショックでした。〈ついに来たな…〉と覚悟いたしました。この現実をありのままに受け止め、けっして傲慢《ごうまん》にならず、がんと関わっていこうと思いました。これまでがんという病からいろいろと教えられてきて、どんな病も「わが師」だと思って関わるようになりました。

早いもので、かれの十三回忌もアッという間に過ぎてしまいましたが、「先輩も…」と言ってくれた言葉に、わたしは〈独《ひと》りではない〉という安心感と大きな支えを感じてきたのです。

病む者の悲しみと願い

平成二十六年、横浜でのお盆法要に寄せていただいた帰りに、念願であった草津温泉（群馬県草津町）へ行ってきました。新幹線高崎駅でレンタカーを借り、谷川岳に向かいました。土合口《どあいぐち》駅からロープウエーとリフトで、二十分ほどで天神峠《てんじんとうげ》駅まで上がりました。展望台から眺める谷川連峰の景色はすばらしいものでした。

宿泊のホテルは、草津温泉「湯畑《ゆばたけ》」（源泉《げんせん》）のすぐ近くでした。昔からある湯治場《とうじば》ですので、有名な文化人や歴史上の人物が多く訪れており、その中に蓮如上人（一四一五―一四九九）の名前もありました。

「草津よいとこ一度はおいで」と歌われているだけあって、ここには「時間《じかん》湯《ゆ》」という独特の入浴法があります。高温の源泉に水をまぜると効《き》き目が弱くなるので、長い板で熱湯をかき回して冷まします。「湯長《ゆちょう》」の号令で、客はけっこう熱い湯に三分間浸《つ》かるのです。湯長は入浴客と声を掛け合い、体の状態を見ながら、安全に入浴効果を高めていくのだそうです。

じつは草津町に来たのには目的がありました。それは、この町にある「栗生《くりう》楽泉園《らくせんえん》」という国立ハンセン病療養所の見学であり、職員の方に案内していただきました。入所者はみなすでに病気が完治した人ばかりですが、平成二十五年一月現在、百八人おられ、平均年齢も八十三・五歳になっておられました。まず納骨堂にお参りし、それから入所者の住宅や社会交流会館などを見学させてもらいました。

(注)平成二十八年九月二十六日現在、入所者数八十一人、平均年齢八十六歳になっています。

草津のつよい酸性泉《さんせいせん》は、行基菩薩《ぎょうきぼさつ》(六六八—七四九)の奈良時代からハンセン病に効《き》くといわれ、全国から患者とその家族が湯治にやって来られていたのです。しかし、わが国では平成八年まで九十年もの長きにわたる誤った強制隔離政策によって、多くの患者さんとその家族が社会から差別されてきた悲しい歴史がありました。

草津町では、とくに明治二年の大火以来、訪れるハンセン病患者が増えたようです。『栗生楽泉園 ガイドブック』（入所者自治会発行）によりますと、町当局が、明治二十年に草津温泉旅館での同宿《どうしゅく》を避けることを目的に、その代替《だいたい》として自由療養地「湯之沢《ゆのさわ》地区」への移住を勧めました。そのため、昭和五年にはこの地区の人口が八百人（当時の草津の全人口の約三分の一）を超え、この地区の区長や町議会議員の選出まで認めていたといいます。

なかでも大正五年春に、英国のカトリック宣教師コンウォール・リー（一八五七―一九四一）がこの地区に定住し、まず教会を設立して病院や学校、家屋を建て、患者のための救済活動に献身したのです。リーが建てた三十数棟もの「ホーム」では、個々の家庭生活が大事にされていました。そして昭和七年に、国立療養所として栗生楽泉園が開設されました。当初は患者の一部が入所していましたが、昭和十六年五月には、群馬県の介入により自由療養地が解散となりましたので、最多時《さいたじ》の昭和十九年には千三百三十五人の患者が入所させられ、いっそう劣悪な環境を強いられていたのです。翌年の死亡者数は百三十八人で、入所者全体の一割に当たります。

多くの療養所では、入所者が亡くなると園内の火葬場で火葬され、遺骨は園内の納骨堂に納められるのですが、驚いたことに、栗生楽泉園の納骨堂は開園から十六年後の昭和二十三年に建てられたのです。これまで二千二体の遺骨が納められているとのこと。また、職員の方から、骨壷《こつつぼ》に納められていない遺骨がたくさんあると聞き、初めは実家のお墓に納められたのかと思って、一瞬、何かホッとしたものを感じたのですが、じつはそうではなくて、骨壷の存在しない七百四十九体を含め八百八体の遺骨が、引き取り手のないまま納骨堂の遺骨棚を埋めているとのことでした。まして身元不明として処理されてしまった多くの遺骨のことを思うと、お気の毒でなりません。

社会交流会館には、源泉をこの園まで引くために造った温泉引湯管《いんゆかん》が展示されていました。引湯管は長さ一・八メートル、太さ四十センチほどの、赤松の丸太《まるた》をくりぬいた木管《もくかん》で、これをつなぎ合わせて園の浴場まで敷設《ふせつ》したのです。その距離はおよそ三・五キロですから、二千本ほどの木管が必要な計算になります。木工場《もっこうじょう》では、感覚がマヒし手足の不自由な入所者たちが手作業で木管を造ったようですから、過酷な労働だったにちがいありません。朽《く》ちた木管を見ていると、入所者たちの〝湯〟に対する必死の願いがジーンと伝わってきて、しばらくその場から離れられませんでした。

前向きに生きている患者たち

平成二十六年四月、NHK「ハートネットTV」で、難病ALS（筋萎縮性《きんいしゅくせい》側索硬化症《そくさくこうかしょう》）と闘う患者・藤田正裕《まさひろ》さん（34）を紹介していました。かれはその三年半前にこの病をとつぜん発症し、全身の筋肉が徐々に衰え、体が動かなくなったのです。しかし、人工呼吸器を装着して電動車椅子を使い、病と闘いながら大手広告代理店のプランニング・ディレクターとして活躍しています。

視線の動きでパソコンを操作し、唇《くちびる》の微《かす》かな動きで自分の意思を伝えます。会社の重要な会議にも出席し、また中学校での講演では、生徒たちに「幸せは感じるもの。どんな状況におかれても、素直な気持ちで笑顔で応えよう」と訴えかけました。さらに、「（自分が）ALSになったのには何か理理由がある。ALS患者の境遇を変えることに貢献したい」と考えて、〝END《エンド》 ALS〟を立ち上げられ、この病気への理解と患者へのサポート体制や治療法の確立をめざして頑張っておられるのです。

どんな状態になっても「自分が必要とされている」という思いがその人を輝かせるのであり、またどんないのちもそれぞれに存在する意義がある、とわたしは受け止めています。

ＡＬＳは、手足やのど、舌の筋力が低下し、また呼吸筋のマヒによって、発症後三年から五年で死に至るといわれていました。しかし現在では、人工呼吸器を装着することによって、自宅での生活と延命が可能になりました。全国には約一万人のＡＬＳ患者（平成二十六年現在）がおられます。患者は、意識がはっきりしていて、寝たきりになっても、まぶたと眼球の動きだけで自分の意思を伝えたり、音楽を聴くこともできます。

とはいえ、介護がなければとうていきていけないのですが、最近は医療技術の開発と医療制度改革や、患者たちに対する社会的理解の高まりなどによって、介護の在り方が次第に変わってきたようです。

これまで、難病の患者は社会や家族にとって「迷惑をかける存在」と考えられてきたところがあります。わたしもがんになって痛感したことですが、患者が「生きたい」と思うのは、やはり関わってくださる方たちの励ましと支えがあるからでしょう。家族をはじめ、医師、看護師、ヘルパー、同僚、ボランティア仲間などの温かい支援とともに、行政による積極的な施策《しさく》などが必要です。経済的・介護的に大きな負担を家族だけにゆだねるのは限界があります。

たしかに、患者たちに対する医療・介護支援は向上しているように見えますが、願わくは、自宅であろうと病院や施設であろうと、患者自身が望む医療や介護を選択できるようになれば、もっとよいと思います。だれもがいつか行政や社会のお世話になるときがくるのですから、「困ったときはお互いさま」といった考え方で、お互いに連帯できる温かい支援体制をつくっていかなければならないのでしょう。「人に迷惑をかけてはならない」ということではなく、人の手を借りなければ生きていけないのもまた人間なのです。

仏教では「如実知見《にょじつちけん》」（ものごとの真相を見極めなさい）と教えています。きびしい現実をむやみに悲観したり、ゆがめて見たりせずに、生老病死《しょうろうびょうし》をともに背負うてくださる阿弥陀如来の大悲を心の支えにして、毎日を過ごしていきたいものです。

医師から「四、五年の命でしょう」と宣告された患者の中には、四十年以上も自宅療養を続けている方がおられます。これほど長く自宅療養をつづけておられる、この患者さんの「生きていればよいことがある」という言葉には、大きな重みを感じます。

また、平成八年に四十六歳でＡＬＳを発症後、人工呼吸器の生活をしてこられた佐々木公一さんは、動かせる左頬《ほほ》にタッチセンサーを当ててパソコンを操作し、ＡＬＳ患者や社会と積極的に関わっておられます。しかも六十歳のとき、東海大学大学院に入学され、「自分にできることがあれば、何でもやりたい」と頑張っておられるその姿を拝見しますと、居ても立ってもいられない気持ちになってしまいます。今わたしにできることは何なのか、自問自答する毎日です。

第二章

病とともに生きる

自坊光源寺の牡丹

病によって得たもの

『大《だい》無《む》量《りょう》寿《じゅ》経《きょう》』には、

善悪報応《ぜんあくほうおう》し、禍福《かふく》あひ承《う》けて、身《み》みづからこれに当《あた》る。たれも代《かわ》るものなし。

（『註釈版聖典』七〇頁）

といううきびしいお言葉が出てきます。これは、よいことも悪いことも自分が身に受けていくしかないということでしょう。これを蓮如上人は『御文章』に、

まことに死《し》せんときは、かねてたのみおきつる妻子《さいし》も財宝《ざいほう》も、わが身《み》にはひとつもあひそふことあるべからず。死出《しで》の山路《やまじ》のすゑ、三途《さんず》の大河《たいが》をば

ただひとりこそゆきなんずれ。

（『註釈版聖典』一一〇〇頁）

とおっしゃっています。

手術室の入口までは六親眷属《ろくしんけんぞく》がついて来てくれますが、中に入ると独りになってしまうのです。わたしは食道がんの手術のとき、声帯の神経まで切ってしまいましたので、声帯の半分は動かず、時おり息苦しさや喉《のど》の渇《かわ》きなどを感じることがあります。しかし、だれも代わってはくれません。

学生時代から親しく声をかけていただいた先生に、村上速水和上《そくすいわじょう》（一九一九―二〇〇〇）がおられます。わたしが龍谷大学に奉職するようになって五年余り経った、昭和五十二年十二月、先生は文学部長に就任されましたが、ご多忙とご心労が重なって、翌年一月に脳血栓《のうけっせん》で倒れられました。四カ月ほど入院されていましたが、思いも寄らない失語症になられたのです。

先生はその著『病いに生かされて　親鸞を慕う人生』に、「病んでみて、生かされているよろこびをしみじみと感じた」と書いておられます。広島出身のご法義篤《あつ》い主治医から、僧侶である先生の方が「正信偈」などのおつとめを教えてもらうことになったのです。大切なお念仏すら出なかった先生でしたが、頭に沁《し》み込んでいたお経の言葉の一つひとつが、少しずつ先生の口をついて蘇《よみがえ》ってきました。無性《むしょう》に法話が聞きたくなられた先生は、退院されてから東西本願寺など法筵《ほうえん》（聞法《もんぼう》）の場へ足を運ばれたのです。また言葉の練習のつもりで、昔、記憶した足利義山《あしかがぎざん》和上（一八二四―一九一〇）の『義山法語』を声を出して朗読していると、ありがたくなってきて急にお念仏がこみ上げてきたとおっしゃっています。

ところで念仏者には、病とともに生きてゆく中で信心の利益《りやく》に恵まれた方が、たくさんいらっしゃいます。その一人に、二十七年間、声のない生活をしていかれた高千穂徹乗和上《たかちほてつじょう》（一八九九―一九七五）がおられました。和上は、熊本城の近くにある仏厳寺《ぶつごんじ》の長子《ちょうし》として生まれられましたが、十歳のときにご尊父が三十七歳で亡くなり、ご母堂は四人の子どもを抱えてたいへん苦労されました。地元の中学・済々黌《せいせいこう》（現済々黌高等学校）を卒業後、仏教大学（現龍谷大学）に進み、その後、大学の教員としてご活躍されたのです。しかし、昭和二十三年の夏頃から声が嗄《か》れるようになり、十月にはまったく声が出なくなりました。病院で喉頭《こうとう》がんとわかったのです。翌年三月、声帯の全摘《ぜんてき》手術をされました。全身麻酔での手術ではなく、部分麻酔でがんをえぐり出す手術であったため、大きな痛みを伴うものだったといいます。幸いに術後二十日ほどで退院となりましたが、先の見えない不安をかかえながら、日々自らの体を通して無言《むごん》の身業説法《しんごうせっぽう》をつづけていかれたのです。

そのとき執刀医をなさった鰐渕健之《わにぶちけんし》先生（一八九四―一九八九）は、その著

『額帯鏡《がくたいきょう》』のなかで、

人間として最も大きな苦痛をなめ、声の出ない不自由をしのんで苦難の道を生きて行くことは、一命《いちめい》をとりとめても、死にまさる苦しみであろう。私自身も、これが医師として最良の治療であったかどうか、疑わざるを得なかった。（村上速水著『病いに生かされて　親鸞を慕う人生』二〇七頁、参照）

と記しておられます。和上は、病を縁としてたとえお念仏を称えることさえできなくなろうとも、それをわが身の在りようとして受け止め、いよいよ阿弥陀如来の招喚《しょうかん》の喚《よ》び声をいっそうよろこばれたのです。

村上先生はこう書いておられます。

（高千穂和上は）黙々《もくもく》として笑顔を絶やされなかった。あの笑顔の底にどれほどの苦悩が秘められていたか。こんな不自由な体になって、はじめて和上の心情が思いやられる。どんなにか苦しく悩まれたであろう。

（『同』八六頁）

村上先生が「私は病いによって失ったものを悲しむよりも、病いによって得たものをよろこびたい」（『同』二頁）とおっしゃった言葉にわたし自身を重ね、見えないところで頑張ってくれている声帯やさまざまな臓器や器官に感謝しながら、日々を送っています。

もう少し生きたい

平成二十六年六月、NHKのETV特集「ふるさと〝水俣《みなまた》〟に生きる～次世代からのメッセージ～」が放送されました。漁師の杉本肇《はじめ》さん(53)は、弟の実《みのる》さんと親戚の鴨川等《ひとし》さんの三人で、お笑いトリオ「やうちブラザーズ」を結成し、地元水俣を中心に活動されています。「やうち」とは、「船と船をつなぐこと」「共同でことを行うこと」を意味しています。そこには、水俣病の被害者と市民と行政が対話し共同の催しをすることによって、昔の和《なご》やかな人間関係を取り戻したいとの願いがあります。

かつては魚が涌《わ》いてくるとまでいわれた八代海《やつしろかい》(不知火海《しらぬいかい》)。肇さんの家は水俣で代々つづく網元でしたが、昭和三十四年に水俣病が杉本家を襲ったのです。

水俣病は、高度経済成長期に入った昭和三十年代から四十年代にかけて、住民の生命よりも会社の利益（生産）を優先させた結果起きた公害病といえるでしょう。チッソ（新日窒《しんにっちつ》）工場の排水に含まれていたメチル水銀に汚染された魚介類を食べた沿岸住民に、感覚障害や運動失調などの症状が出て、被害者たちは重い症状と社会的な差別に苦しめられました。それだけではなく、水俣病の認定と補償をめぐって、司法の場での闘いを長年強いられてきたのです。病気の原因については、昭和三十一年五月一日に、新日窒附属病院の細川一《はじめ》院長から水俣保健所への報告があったにもかかわらず、会社はそれを認めなかったために、被害がいっそう拡大していったのです。

昭和四十三年九月に、ようやく政府は水俣病を公害病として認定しました。そして昭和五十二年七月、環境庁はきびしい水俣病患者の認定基準を示し、認定患者約三千人に対しては補償金の支払いなどを行いましたが、認定されなかった多くの被害者に対する補償と救済の問題が残されていたのです。そこで平成七年九月には、約一万一千人に対する補償という村山富市《とみいち》首相の政治的な調整による和解が図られましたが、それでも解決は容易ではありませんでした。平成二十一年七月には「水俣病被害者救済法」が成立し、これに基づいて申請期限の平成二十四年七月末までに、約六万五千人の救済申請があった、と報じられています。

肇さんの祖父母も両親も重い症状に苦しみました。母親の栄子《えいこ》さんは、はげしい体の痛みや麻痺《まひ》などに苦しみ、三回の流産。ようやく生まれたのが肇さんでした。肇さんは子どもの頃、学校に行く前に海に出て懸命に網を引き、家族を支えました。魚は売れず、家族七人の生活は困窮をきわめたのです。

一度は漁《りょう》をあきらめた両親でしたが、平成二年、漁を再開。東京でインテリアデザイナーをしていた肇さんに、栄子さんから「もう一度船に乗ろう」と声がかかりました。東京に出てから十四年、三十二歳になっていた肇さんは、昔のように明るい笑顔が行き交《か》う地域を取り戻したいという母親の願いを受け入れ、想い出の多い故郷へ帰って来られたのです。

水俣湾内に堆積《たいせき》した水銀へドロは集められ埋められて、東京ドーム十三・五個分ものの広大な埋立地に変貌《へんぼう》しました。魚の安全性も確認され、平成九年七月には熊本県知事の安全宣言も出されました。以前、ここを訪ねたわたしは、海辺の高台にある水俣病資料館から眺める八代海がとても美しく、悲しい歴史のあったことを忘れてしまいそうでした。

栄子さんは、平成七年から十二年間、水俣病を知らない世代に「水俣を伝えたい」と、水俣病資料館の語《かた》り部《べ》をされていました。平成二十年二月、六十九歳で亡くなられましたが、そのあと肇さんが語り部の活動を引き継いでおられます。マイクを向けられると「死にたい」と言っていた栄子さんでしたが、最《さい》期《ご》には「まちっと生きろうごたっ」(もう少し生きたい)と話していたそうです。苦難の多い人生であったのに、この世にまだ執着《しゅうじゃく》があったことを思うとかえって慰められた、と肇さんは語っておられます。

わたし自身も病の中で、人生が有限であることを改めて思い知らされるとともに、一日も長くこのいのちを生きていたいと強く願うようになりました。親鸞聖人が、『歎異抄』第九条で「苦悩の旧里《きゅうり》はすてがたい」とおっしゃったように、どんなにつらい人生であっても、この世から離れがたいのがわたしたち凡夫《ぼんぶ》の本音《ほんね》なのでしょう。はやく死にたいとか、あるいはまだ死にたくないとか言うのではなく、「もう少し生きたい」と話された栄子さんの言葉から、家族へのふかい思いが伝わってまいります。

病に随って生きる

病んだ人が病気と向き合うとき、「病と闘《たたか》う」生き方と「病に随《したが》って生きる」生き方とが見られるようです。

わたしは「闘う」という言葉に少し違和感を覚えます。というのは、この言葉はときとして病人に大きな期待や過酷《かこく》な負担を押し付けることになったり、またその闘いに敗れたときに、大きな絶望感やふかい悔恨《かいこん》を残すことがあるからなのです。

これに対して、後者は病に身をゆだねる生き方であり、むしろ戦闘的にならず、じっくり病と関わっていく生き方です。これを仏教では「随所作主《ずいしょさしゅ》」と教えています。

随所作主とは、どんな状況にあっても自分を失うことがなく、冷静に希望や大きな願いをもって最善を尽くす生き方を言います。病と〝闘う〟のであれば、結果は勝つか負けるかしかありません。もちろん、いわゆる〝結果〟を出すことは大事かもしれませんが、それよりも〝病〟という貴重な時間をもらったと受け止めて、病と懸命に関わって生きることこそ、もっと大切なのではないでしょうか。

たとえば、がんは〝招かざる客〟ではありますが、病人の体の一部でもありますから、上手に付き合っていかなければなりません。病に〝随う〟とは、けっして病に従属することでも、病に対して何もしないことでもありません。

それは、ちょうどピッチャーが最善のボールを投げて打者を打ち取るように、つねに体力づくりにつとめながら、けっして無理をせず、病とともに生きていくことなのです。病と真剣に関わることによって、病からも多くのことを学びながら、一日一日を感謝できればと思います。

高見順《たかみじゅん》の『死の淵《ふち》より』や江國滋《えくにしげる》の『癌め』などの作品では、作者ががんと闘って亡くなっていく壮絶《そうぜつ》な過程が描かれています。江國の句に、

癌憎《にく》しビールの味まで奪ひしか

があります。しかし、三十五歳で亡くなった正岡子規《まさおかしき》（一八六七―一九〇二）の作品を読みますと、晩年の七年間は過酷なまでの病床生活を強いられながら、子規の言葉には〝ゆとり〟みたいなものさえ感じられるのです。

最後の随筆となった『病牀六尺《びょうしょうろくしゃく》』のなかで、

病気を楽《たの》むといふことにならなければ生きて居《い》ても何の面白味《おもしろみ》もない。

（『子規全集』第十一巻、三二九頁）

とまで記しています。また、仏教の「悟《さと》り」とは、いかなる場合にも平気で死ぬことではなくて、いかなる場合にも平気で生きていることである、と諦観《たいかん》しているのです。

絶叫号泣《ぜっきょうごうきゅう》するほどつらくても、子規はその苦しみから逃げるのではなくて、その激痛の中で精いっぱい生きていったのです。脊椎《せきつい》カリエスで体が腐っていき、しかも身動きできない状況の中で、家族の手を借りながら俳句を詠《よ》み、原稿を書き、草花や果物《くだもの》などの絵を描いています。

草花《そうか》の一枝《いっし》を枕元に置いて、それを正直に写生して居ると、造花《ぞうか》（天地自然）の秘密が段々分つて来るやうな気がする。

（同、三四四頁）

と、まさに死の直前まで病に随って生きた人生でした。「うれしくてたまらない」とも書いています。

糸瓜《へちま》咲《さい》て痰《たん》のつまりし仏《ほとけ》哉《かな》　（同、五五九頁）

が絶句《ぜっく》の一つとなりました。

また、子規の影響を受けた宮沢賢治（一八九六―一九三三）の講義の話として、

病気はけっして不幸とばかりいえない。病気のためにその人が以前の健康なときにも増していい精神を持ったり、いい肉体をもち得たりするものだ、もちろん、病気そのものはけっして喜ぶべきことではないが、その病中の病気の取り扱い方によって、その人に一歩前進させることのあるのは

事実だ

（関登久也著『賢治随聞』一九三頁）

と語ったと、教え子の聞き書きに記されています。

親鸞聖人は八十六歳のとき、門弟の顕智房《けんちぼう》（一二二六—一三一〇）の聞き書きによる法語「自然法爾章《じねんほうにしょう》」（『註釈版聖典』七六八～七六九頁）の中で、自力による小賢《こざか》しいはからいを捨てて、阿弥陀如来の「御《おん》ちかひ（誓い）」におまかせして生きることを教えられました。聖人は、つらい病気も阿弥陀如来の〝ご催促《さいそく》〟と前向きに受け止めていかれたのではないか、と思っています。

第三章　いのちを慈しむ

鴨川の桜とカモ

いのち愛《いと》しみて

肺結核と共生しながら自分をふかく見つめ、五十六年を生きた俳人に石田波《いしだは》郷《きょう》（本名哲生《てつお》　一九一三―一九六九）がいます。

波郷は昭和十九年、三十一歳のとき、出征《しゅっせい》した中国北部で結核をわずらい、それ以来二十五年間、幾度となく入退院を繰り返しながら養生《ようじょう》と句作《くさく》をつづけたのです。青年時代から生活の現実をありのままに詠んだ「人間探求派」の俳人でした。波郷に、

雑炊《ぞうすい》や頬《ほお》かがやきて病家族《びょうかぞく》

という句があります。三十八歳のときの句ですが、その二年前、右肋骨《ろっこつ》七本を

切除する手術を受けました。自宅療養中の家族との温かい雰囲気が伝わってきます。

四十二歳のとき、『定本　石田波郷全句集』により第六回読売文学賞を受賞し、その四年後に「朝日新聞」の俳壇撰者《はいだんせんじゃ》になりました。しかし五十歳のとき、肺の合成樹脂《ごうせいじゅし》球摘出《きゅうてきしゅつ》手術を受けてまもなく、肺活量が減退する心肺性肺《しんぱいせいはい》心症《しんしょう》となり気管を切開したため、一時口がきけなくなったのです。晩年の句集『酒中花《しゅちゅうか》』（昭和四十三年刊）をみると、とくに昭和四十年四月十一日の入院から二年半の間に、二、三カ月の入院を三回と、十カ月半の入院を一回しています。

波郷は、長年病院通いをしてくれた妻あき子（一九一五―一九七五）に対して、

侘助《わびすけ》をもたらし活《い》けて通《かよ》ひ妻《づま》

寒菊《かんぎく》や母のやうなる見舞妻《みまいづま》

と詠んでいます。まさに、「病院が栖《すみか》となりぬ年の暮《くれ》」の生活だったのです。

あき子は、その著『夫帰《つまこ》り来よ』（昭和四十五年刊）に、

弱音《よわね》を吐《は》いたらもう負けである。「闘病」という言葉は、病人にはむごい感じがする。わが家は、日常が病人を中心とした生活だから、それを普通の生活と思っている。

と記しています。ごく自然に、ほんの少し世間と異なった生活をやっているだけと受け止め、「病床にあっても、生きていてくれるだけで、心は豊かになる」と述べています。

また波郷には、

かへり来《き》し命《いのちつつ》虔しめ白菖蒲《しろしょうぶ》

病《や》まぬ生《よ》より病《や》める生《よ》ながし石蕗《つわ》の花

息吐《いきは》けと立春の咽喉《のど》切られけり

といった病床の句が多くありますが、最晩年の『酒中花以後』（昭和四十五年刊）に発表した、

今生《こんじょう》は病む生《しょう》なりき烏頭《とりかぶと》

はまるで辞世《じせい》の句のようです。

あき子によると、昭和四十四年八月のある日、波郷の病状が落ち着いていたとき、波郷が大切な句帖《くちょう》にあった一句をそっと見せてくれたのです。それは、

優曇華《うどんげ》の附《つ》きし団扇《うちわ》を大切に

という句でした。この句は、団扇そのものよりも優曇華の方に大きな意味があるように思われます。優曇華というのは仏典に出てくる樹木で、三千年に一度だけ花を咲かせるといわれています。したがって、この花を見られるのは難中《なんちゅう》の難《なん》といえますが、これと同じように、仏の教えに遇《あ》うことはきわめてむずかしいことを示しているのです。まさに「一期一会《いちごいちえ》」の出会いなのですが、この出会いは波郷とあき子との出会いであり、また生きるよろこびを教えてくれた

病との出会いでもあったといえるでしょう。そこには、出会いを無駄にしたくないという、波郷自身の真剣な願望があったと思われます。

波郷は、その秋には浮腫《むくみ》や幻覚や呼吸困難、肺炎などを起こしていました。そして十一月二十一日、朝食のあとトイレから出て酸欠状態となり、ベッドの脇に倒れて急死したのです。

あき子にとっては、前々日の見舞いが最後となりました。幾度となく病院通いをしてきたあき子でしたが、臨終に立ち会うことができませんでした。

あき子の句に、

このままの晩年でよし蝸牛《かたつむり》

があります。病気療養と看護の二十五年、結婚生活二十七年という二人の人生は、蝸牛のように歩んできた人生でした。

世の中には病んでいる自分は本当のわたしではないと考える人がいますが、じつは病んでいる自分もわたし自身なのです。もちろん病気にはなりたくありませんが、病もわたしに与えられた〝ご縁〟だと受け止めることも大切なことです。どんなに相手のことを愛しく思ってみても、残念ながら精いっぱいのことしかできません。しかし、つねに憐れみたもう阿弥陀如来のお慈悲を思うとき、「このままでよし！」と受け容れて前向きに生きていく力が恵まれてくるのです。

〝おかげさま〟のど真ん中

歌人の河野裕子《かわのゆうこ》さん（一九四六―二〇一〇）は、平成十二年秋に乳がんが見つかり手術をしましたが、八年後に再発。つらい抗がん剤治療をうけ、自宅介護の末、家族や友人に感謝しながら亡くなられました。その著『家族の歌』（平成二十三年刊）の中で、再発時のことを、

杞憂《きゆう》（とりこし苦労）ではないが、何でも悪いほうに考えてしまうと、人間生きていけない。しかし、わたしの上にそれは降りかかってしまった。逃げることはできない。誰もわたしに代わってくれる者はない。この身ひとつで引き受けるしかない。

と記しておられます。がんとの闘いのなかで身も心も崩れ落ちそうになったとき、歌人でもあるご主人の永田和宏さんが、

君は君の体力で耐《た》へねばならないと両肩つかんで後ろより言ふ

という歌を作って、励まされたそうです。この温かい励ましこそ、病苦の現実を乗り越えていく上で、大きな力と支えになったことと思われます。

河野さんは、正岡子規の病床日記には「何々してもらう」とか「何々してくれる」という言葉がとても多いことに気づいた、と書いておられます。元気なときは体が思うように動きますから、他人《ひと》に頼まなくても自分でやることができます。しかし、大病をし不自由な体になると、ほとんど他人の手を借りなければならなくなるのです。そうなると、家族をはじめとして、さまざまな〝他

の力〟のおかげに気づかされるようにもなります。多くの恩恵をいただいているることがわかったとき、どんな些細《ささい》なことにも〝おかげさま〟とよろこべるようになってくるのでしょう。まさに〝おかげさま〟のど真ん中にある自分に気づかされるのです。

わたし自身、食道がんの手術をうけた当初は、自分で何一つできない状態の中で、何かにつけて「ありがとう、ありがとう」と、いつの間にか手を合わせていたのを思い出します。

仏教では、人間のことを「有待《うだい》」（さまざまな期待を受けて有るもの）といいます。つまり、わたしたちはさまざまな〝他の力〟を期待しながら生き、またいろいろと他から期待されながら生きているのです。たとえば、心臓は目に見えないところで休みなくはたらきつづけ、わたしにしっかり生きてほしいと願ってくれているようです。さまざまな食べものにしても、そのいのちをわたしに捧《ささ》げてくれ生きる力を与えてくれています。また、身に着けているものにしても、多くの人の手を経てわたしに届けられているのですから、粗末《そまつ》に扱っては申し訳ないと思います。親鸞聖人は、こうしたさまざまないのちとの関わりを大切にしていかれたのでしょう。

ところで、老いたらダメだとか、病気の自分は本当の自分でないように思う人がいます。また、死んだらすべてがお終《しま》いだと言う人もいます。そうすると、元気なときの自分だけが本当の自分であるかのように考えて、「健康こそがすべてであり、宝である」と思ってしまいます。しかし、そうとは限らないのです。老いていく自分も本当の自分であり、病んだ自分も本当の自分であり、そして死んでいく自分も本当の自分なのです。

この生老病死《しょうろうびょうし》という「苦」の現実は避けて通ることができないのであり、こうした生老病死をわたし自身の現実として直視して生きることが、もっとも肝要だと言えましょう。聖人は、ご苦労の多い九十年の生涯でありながら、「大悲無倦常照我《だいひむけんじょうしょうが》」（大悲倦《う》む〈見捨てる〉ことなくつねに我を照《て》らすなり。「正信偈」）と、阿弥陀如来の大慈《だいじ》大悲をよろこんでいかれました。

かつて札幌農学校（現北海道大学）で、およそ十カ月教鞭《きょうべん》をとったクラーク（一八二六―一八八六）は、学校を去るとき、学生たちに「少年よ、大志を抱《いだ》け」という言葉を贈ったといわれています。じつはこの言葉の後には、「この老人のように」という言葉がつづいています。当時五十一歳であったクラーク自身が、みずからの「老《おい》」の現実を感じていたからこそ、「この老人のように」と呼びかけたのでしょう。その後帰国したかれは、心臓病で五十九歳で亡くなりました。病んだときは希望をもって養生に努め、「病の人」として精いっぱい生きていきたいものです。

癌《がん》もご縁でした

人生には三つの「坂」があると言います。

ものごとが順調に行っているときは「上り坂」であり、思い通りに行かないときは「下り坂」です。ところが、時として思いがけないことが起こります。これが「まさか」という坂なのです。わたしはこれまでの人生で、三つの大きな「まさか」と出遭《であ》いました。

第一の「まさか」は、父・前住職の死でした。昭和四十七年六月に結婚して広島のお寺に入ったちょうど一年後に、父が急性白血病で亡くなったのです。第二の「まさか」は、平成十年にわたし自身が食道がんと肺がんを患《わずら》ったことです。そして、第三の「まさか」は平成十七年、妻に先立たれたことでした。妻は乳がんから始まって、直腸がん、そして肺がん、脳腫瘍《のうしゅよう》、骨盤のがん、大腸がんなど、八年ものの間にいくつものがんを患い、五十五歳で亡くなりました。すでに父や母たちはお浄土に参っておりますが、平成二十六年十二月、兄の三回忌法要に遇《あ》いながら、多くの先輩方が往生されたお浄土をいっそう身近に感じたことでした。「安養浄土《あんにょうじょうど》」の先輩方が、わたしたちを優しく養い育ててくださるのです。

わたしが食道がんの手術を受けたのは、三月末のことでした。この手術は、食道を全部摘出《てきしゅつ》し、胃を喉《のど》の所まで引き上げて繋《つな》ぐものでした。一部リンパ節転移もありましたので、関係のあるリンパ節も切除するという、十二時間にも及ぶものでした。術後は絶対安静のため、集中治療室で一週間眠らされました。三カ所の大きな傷が残りましたが、とくに声が出しにくく、息苦しさからよく咳《せき》が出ました。咳が出るたびに胸の傷にひびいてたいへんつらく、また下《げ》痢《り》や腹痛などにも苦しみました。

五月半ばには退院できました。しかし、お盆過ぎに両肺への転移がわかり、さっそく再入院して抗がん剤治療を受けることになりました。抗がん剤は二カ月の予定でしたが、とてもつらくて、五十日目にはとうとう中止してもらいました。幸いにCTの写真でかなり効果がみられたようでしたので、通院で抗がん剤治療をつづけ、五年後には卒業させてもらいました。おかげさまで、がんは寛解《かんかい》し元気になりましたが、再発や転移が心配ですので、毎年、内視鏡など全身のがん検診を受けています。

ところで、わたしには生涯付き合っていかなければならない後遺症が三つあるのです。

一つは、手術によって片方の声帯が動かなくなったことです。そのため空気の通路が狭くて息苦しさを感じたり、また声が出しにくくなったのです。痰《たん》も詰まりやすく、しかも片方の声帯だけで声を出しますので、無理をすると声が嗄れてしまいます。手術前はお経もカラオケも自信がありましたが、その後は、片方の声帯を痛めないよう加減しながら声を出しています。

二つは、喉の所まで胃がきていますので、横になると苦い胃液が逆流しやすいのです。そこで寝るときは枕を二つ、三つ高くし、かならず枕元に水を置くようにしています。

三つは、わたしの胃は「胃袋《いぶくろ》」でなく、長い管状《かんじょう》になっていますので、とくに唾液《だえき》で食べものを消化するようにしています。口の中でよく噛《か》んで、ドロドロにして飲み込みます。何でもいただきますが、食事に多少時間がかかるようになりました。食後、すぐに動くと下腹《したばら》が痛くなりますので、食後三十分ほどは横になっていたいというのが正直な気持ちなのですが、いつも横になるわけにもいかず、適当に休んでいます。いまはちょっと油断すると、以前のように早食《はやぐ》いになりますので、気をつけています。

これらの後遺症を大切な語りかけとして、つねに健康管理につとめているのです。

いままでは〝癌〟という貴重なご縁をいただいたと思っています。つい忘れてしまいがちな〝いのち〟の尊厳性をふりかえる、絶好のチャンスをいただきました。人生に無駄なことはないのです。病を通して、多くの〝おかげ〟をいただいていることに気づかされます。ことに病を身に受けることは、そのまま仏法に遇《あ》うことだとしみじみ味わっています。

浄土真宗本願寺派第二十三代宗主・勝如《しょうにょ》上人（一九一一―二〇〇二）がおっしゃった、「念仏の道は『おかげさま』と生かされる道であり『ありがとう』と生きぬく道であります」とのお言葉を噛みしめながら、一日一日を過ごしております。わたしたちは元気なときにこそ、仏法に親しみたいものです。病気をしてもうろたえることなく、病気をありのままに受け止めて前向きに生きることが大切なように思われます。

第四章

病を越える道

比叡山と七条大橋

〝いのち〟をいただく――医食同源

がんは本人だけの病気ではなく、「家族の病気」とも言われます。わたしは、これまで家族に〝癌〟という大きな心配をかけてきましたので、二度とがんにはなるまいと、食事と運動の面で自己管理につとめています。がんのおかげで、家族と人生を語り、仏法を味わう貴重な時間をいただきました。病はわが身が受けていくしかなく、「がんもわたし自身である」と自覚できる余裕をいただきました。

まず食事の面では、がんはそもそも体質的なものがあるようで、しぶとい病気ですから、食べものを変えて体質を変えるしかないと思いました。「医食同源《いしょくどうげん》」というように、体にとってよい食べものを摂《と》ることが健康につながるのでは、と考えています。好きなものを食べるのではなくて、体によいものをバランスよくいただくようにしています。

そこで、親鸞聖人や蓮如上人はどんなものをいただかれていただろうか、と時々考えます。おふたりともご長命でした。でも昔のことですから、そう贅沢《ぜいたく》されたわけではなく、おそらく質素な食事をされていたことでしょう。そこでわたしも、普段はそのような食事を見習うことにしたのです。

たとえば、栄養を蓄《たくわ》えている根菜類や緑黄色《りょくおうしょく》野菜、キノコ、海草類とか、つぎの命を宿《やど》している種や実のもの、さらにイワシのように尻尾《しっぽ》から頭まで全部食べられる小魚類、また味噌《みそ》や納豆《なっとう》などの発酵食品、それから旬《しゅん》のもの、麦や玄米《げんまい》など、要するに、いろんな食材が入った幕の内弁当のような食事が、体によいような気がしています。これらの食べものをいただくと、まるで〝いのち〟をもらっているような気がして、元気が出てきます。

また、体内の見えないところで懸命に頑張ってくれている無数の微生物たちにも感謝しています。テレビで大食い競争の番組がありますが、経口摂取《けいこうせっしゅ》ができない病人や飢餓《きが》に苦しんでいる人たちのことを考えると、大切な食べものを粗末にしてはならないと思っています。

さて、覚如上人《かくにょしょうにん》（一二七〇―一三五一）の『口伝鈔《くでんしょう》』第八条には、「食物邂逅《しょくもつかいこう》」（魚鳥の肉など命あるものとの出会い）の話が出てきます。親鸞聖人が関東におられたとき、何人かの僧侶で一切経《いっさいきょう》の校合《きょうごう》（校正）をされたことがあったようです。校合の後で食事の接待がありましたが、このとき、聖人だけが袈《け》裟《さ》を着用して食されたのです。聖人は、身命《しんみょう》を捧げてくれた生きものに感謝し、これらを利益《りやく》したいとの願いをもって袈裟を着用し、威儀《いぎ》を正されたのです。

次に運動の面では、毎朝三十分ほど軽くランニングや散歩をしたり、わたし独自の体操を十五分ほどやっています。

食道を全部切除した際、声帯の神経を一部切ってしまったために、片側の声帯が動かなくなって息苦しくなることがあります。これを克服するためには、勢いよく肺に空気を送り込む呼吸法を身に付けるしかないと考えて、ジョギングや登山を試みています。一昨年から、少しずつですが親鸞聖人の足跡を訪ねて、比叡山の古道《こどう》を十回ほど歩いてきました。

ところで、好きなものをたくさん食べても、食べたものが肛門から順調に出て行ってくれなければ困ります。食べるときはおいしくても、後で便秘がつづくと、これほどつらいことはありません。手術以来、わたしはトイレで「うんち、ご苦労さん！」と言って、水を流すようになりました。病気を通して、何事も〝結末〟を考えながらやる、つまり結果を予測しながら慎重にやらなければならないことを、教えられました。

蓮如上人は、「後生《ごしょう》の一大事を心にかけよ」とおっしゃいました。後生とは、けっして遠い先のことではなく日々の生活のことだと考えて、健康管理と体づくりにつとめております。でも、体調が良いとつい無理をしてしまい、後悔することがよくあります。母が亡くなって二十四年になりますが、母はよく「調子に乗ってはダメよ」と言ってくれていました。この言葉は今でも大切な戒めとなっています。

わたしたちは身命ばかりでなく、大切な人からの戒めや阿弥陀如来の大悲の〝いのち〟によっても、大きなお育てをいただいていることに感謝したいものです。

ふれあいを大切に

平成二十七年は、例年になくご門徒の葬儀がつづきました。大正生まれの方が、続いて三人亡くなられました。超高齢社会の現実を実感させられます。宮崎の母が大正三年の生まれ、そして広島の義母が大正十年の生まれでしたので、「大正生まれ」と聞いただけで母のことが想い浮かびます。

九十三歳の女性は、六年前、脳梗塞《のうこうそく》で倒れてからリハビリをされていましたが、末期がんがわかって病院を転々とされ、最後に緩和ケア病棟で、家族に見守られてしずかに息を引き取られました。その数日前からよく合掌されるので、ずっと介護をしてきたお嫁さんが花瓶の花を取って、その両手の間に差してあげると、たいへんよろこばれたそうです。そのとき撮った笑顔の写真を見せてくださいました。言葉はなかったようですが、おそらく心の中でお念仏を申されていたことでしょう。

また、九十一歳の女性は、よくお寺にお参りになっておられました。毎朝お寺でつとまる〝お朝事《あさじ》〟（晨朝勤行《じんじょうごんぎょう》）の常連でした。晩年は、足に補助器具をつけ歩行車《ほこうしゃ》をつかってのお寺参りでした。家族の温かい介護を受けられて元気になっておられましたが、急に体調をくずされて亡くなられました。本堂の階段の手すりにもたれるようにして、慎重に慎重に上がり降りされていた姿が目に浮かびます。

もう一人は九十五歳の男性です。ここ数年、自宅で介護されていました。普通に食事をとっておられたそうですが、痰《たん》がつまるようになり入院されました。ひと月ほどして、眠るように息を引き取られたのです。久しぶりに自宅での通夜《つや》と葬儀になりました。

三人ともにご法義のあつい家庭に暮らし、それぞれに往生の本懐《ほんがい》をとげられ、内心ふかく感謝の思いでお別れを申したことでした。
わたし自身、喪主《もしゅ》として五回の葬儀を行い、またご門徒やお寺関係、親戚など、多くの方との死別を体験してきました。病床のわたしを見舞い励ましてくださった方が、その後、何人も先立って逝《い》かれました。先立たれた方のことを想うと、いっそう〝生きねばならぬ〟とつよく思います。何かしら〝生きる責務〟のようなものを感じながら、病気が手遅れにならないよう体に気をつけていきます。

親鸞聖人は「御消息《ごしょうそく》」(第十五通)の中で、先立たれた門弟《もんてい》のことを、

かならずかならずさきだちてまたせたまひ候《そうろ》ふらん。
(『註釈版聖典』七七〇頁)

(まちがいなく先立ってお浄土で待っていてくださることでしょう)

と書いておられます。死別のつらさや悲しさはあっても、亡くなられた方が「お浄土で待っていてくださる」と思うと、心が安らぎます。

聖人は『浄土和讃《わさん》』に、

南無阿弥陀仏《なもあみだぶつ》をとなふれば
十方無量《じっぽうむりょう》の諸仏《しょぶつ》は
百重千重囲繞《ひゃくじゅうせんじゅういにょう》して
よろこびまもりたまふなり
（『註釈版聖典』五七六頁）

と示されました。お念仏を申しますと、先立たれた方がお浄土の仏さまとなって、わたしを幾重《いくえ》にも取り囲んで護《まも》り育ててくださるのです。

仏教では、この境界《きょうがい》（生涯）は煩悩・欲望の火が燃えさかる家、すなわち

「火宅《かたく》」であると譬《たと》えています。この家には楽しいことばかりがあるわけではありません。インドの龍樹菩薩《りゅうじゅぼさつ》（一五〇―二五〇頃）は、家の「過患《かげん》」（欠点）を知るべきである、と教えています。

家というものは煩悩・欲望に満ち満ちた住処《すみか》であり、愁《うれ》いと無常の世界です。しかも一度そこに入ると、枳殻《からたち》の垣根のごとく、容易には抜け出ることができないのです。そこで、煩悩・欲望の家に住みながら、愁いと苦悩を乗り越えて生きる道は「布施《ふせ》」（相手を慈《いつく》しんでよろこびを与えること）である、と教えています。人は、ちょっとした和顔愛語《わげんあいご》やお手伝いなどの布施にも、温かなふれあいを感じます。

わたしは、ときどき小唄《こうた》の「この先に」（永井ひろ作詞・作曲）を口ずさみます。

この先に どんな桜が咲こうと ままよ
わたしゃ この木で苦労する
散るも散らぬも 主《ぬし》の胸《むね》

という歌です。この先どんなことが起ころうとも、きびしい現実から逃げ出すわけにもいきません。好《い》いことも悪いことも、死のうが生きようが、阿弥陀如来の大悲の胸におまかせして、前向きに生きていきたいと思っています。

ああ、もったいなし　もったいなし

冬になると、何処《いずこ》からともなくやって来る渡り鳥がいます。ヤマガラです。胸があざやかな茶色をした可愛らしい鳥で、たいてい一羽です。時折、ジッ、ジッと尾を振って、啼《な》きながらすばやく移動します。でも、なかなか庭から離れようとしません。わたしのことが気になるのか、もっと庭にいたいのか。この鳥を見かけたときは、庭の静けさの中で、しばらく相手をして過ごします。

肺結核のため四十歳で亡くなった生活派詩人に、山村暮鳥《やまむらぼちょう》（一八八四―一九二四）がいます。かれは「愛と苦悩の詩人」とも呼ばれていいます。本名・土田（旧姓志村）八九十《はっくじゅう》は、群馬県高崎市のやや複雑な家族関係の農家で育ちました。日本《にほん》聖公会《せいこうかい》の教会に出入りするうちに洗礼を受け、東京築地の神学校を出て二十五歳で伝道師となり、傍《かたわ》ら詩人として、また童話作家としても活躍しました。

三十五歳のとき、肺結核を発病してからは牧師の職を失い、とくに療養と貧困の苦しい生活を送りました。大正三年に長女玲子《れいこ》が生まれ、長男はすぐ亡くなり、そして大正七年に次女千草《ちぐさ》が生まれています。

その頃作った「真実に生きようとするもの」という長編の詩では、やっと体が入る四畳半と三畳の「小さな巣（家）」での、惨憺《さんたん》たる貧窮《ひんきゅう》の生活を詠《えい》じています。

たうとう自分達は最後の銅銭《どうせん》一つすらのこさず掻《か》きさらはれて既に十日余
いまははや一枚の葉書も買へず
手紙は書いても出すことができず
ひげはのび
からだはあかじみた

妻よお前の薬もかへない
玲子よお父さんがおまへにはお伽噺《とぎばなし》でもしてきかせよう
やりたいけれどやることのできない
これはお菓子のかはりだ
いつしか空《から》つぽになつてゐる罎《びん》と甕《かめ》
味噌《みそ》も油もまつたくつきてゐるけれど
而《しか》もまだ米櫃《こめびつ》のそこには穀粒《こくりゅう》がちらばつてゐる
その穀粒をみると
おのづからあはさる此《こ》の手だ
それでいのちはつながつてゐるのだ

（『山村暮鳥全詩集』二九六頁）

暮鳥は「貧乏は恥ずかしいことではない」といい、真実と愛に立派に生きようとつとめたのです。そんな中、大正八年五月に、友人から約二週間の関西旅行の機会をもらった際、初めて京都や奈良の仏教文化に触れて大きな感銘を受けたようです。それが、没後出版された詩集『雲』（大正十四年一月刊）や『月夜の牡丹《ぼたん》』（大正十五年七月刊）によく現れています。

クリスチャンの暮鳥にとって仏教語は「禁句《きんく》」だったのでしょうが、ここでは涅槃《ねはん》や光明遍照《こうみょうへんじょう》の世界、無為《むい》、読経、合掌礼拝《らいはい》、阿弥陀さま、地蔵尊、法《ほ》華経《けきょう》、精進《しょうじん》などの仏教語がよく使われています。そして晩年の作品からは、「自然《じねん》」にゆだねた寂静《じゃくじょう》の心境が感じられるのです。

たとえば『雲』に収められた「読経」という詩では、

くさつぱらで
野良犬に

自分は法華経をよんできかせた
蜻蛉《とんぼ》もぢつときいてゐた
だが犬めは
つまらないのか、感じたのか
尻尾《しっぽ》もふつてはみせないで
そしてふらりと
どこへともなくいつてしまつた

（『同』四八三―四八四頁）

と詠《うた》っています。

また「西瓜《すいか》の詩」では、「さあ、合掌しろ」や「不思議でたまらない」といった言葉が出てきます。この「不思議」は、キリスト教の「奇跡」ではなくて、どう表現してよいかわからないほど尊いことを指しています。

さらに「病牀の詩」では、すでに病苦を越えているのです。

朝である
一つ一つの水玉が
葉末《はずえ》葉末にひかつてゐる
こころをこめて
ああ、勿体《もったい》なし
そのひとつびとつよ

よくよくみると

その瞳《め》の中には
黄色《きん》の小さな阿弥陀様が
ちらちらうつつてゐるやうだ
玲子よ
千草よ
とうちやんと呼んでくれるか
自分は恥《は》ぢる

ああ、もつたいなし
もつたいなし
けさもまた粥《かゆ》をいただき

朝顔の花をながめる
妻よ
生きながらへねばならぬことを
自分ははつきりとおもふ

〈中略〉

ああ、もつたいなし
もつたいなし
蟋蟀《きりぎりす》よ
おまへまで
ねむらないで

この夜ふけを
わたしのために啼《な》いてゐてくれるのか

ああ、もつたいなし
もつたいなし
かうして
寝ながらにして
月をみるとは

ああ、もつたいなし
もつたいなし

妻よ
びんぼうだからこそ
こんないい月もみられる
そして『月夜の牡丹』でも、

（『同』四六八―四七〇頁）

ああ、もつたいなし
もつたいなし
この掌《て》はどちらにあはせたものか
いま日がはいる
うしろには
月がでてゐる

（『同』五一七頁）

ああ、もったいなし もったいなし

と詠っています。お日さまとお月さまを同時に拝める幸せをいっぱい感じたのでしょう。

『雲』序文の終りで、暮鳥は「何よりもよい生活のことである。寂しくともくるしくともそのよい生活を生かすためには、お互ひ、精進々々の事」（『山村暮鳥全詩集』四六〇頁）と結んでいます。晩年、ようやくたどり着いた静穏《おだやか》で感謝に満ちた生活を送り、宗派にこだわらない「無執着《むしゅうじゃく》の人」になっていったのでしょう。

病むことも無駄ならず

梅花《ばいか》も終わる頃、水戸市の偕楽園《かいらくえん》を初めて訪ねました。広い梅園には、名君と讃えられた九代水戸藩主・徳川斉昭《なりあき》公（烈公《れっこう》、一八〇〇―一八六〇）が建てた「好文亭《こうぶんてい》」があります。ここに、烈公が詠んだ「対古軒《たいこけん》」の円額《えんがく》がかかっています。平安時代の歌人・凡河内躬恒《おおしこうちのみつね》の古歌をもじって、烈公が、

世をすてて山に入る人《ひと》山にても　なお憂《う》きときはここに来てまし（来られたらよかろう）

と詠んだほど、楼閣《ろうかく》からの眺めはすばらしいものでした。

偕楽園の「偕楽」という言葉は、『孟子《もうし》』にある「古《いにしえ》の人（賢君《けんくん》）は民《たみ》と偕《とも》に楽しむ」から取ったものですが、この「偕」の字は、「共《とも》に」（いっしょに）とか「倶《とも》に」（連れだって）、「同《とも》に」（同じように）の意味に通じます。その風景の中で、孤独と苦悩のどん底にあるとき、阿弥陀如来の大悲の〝喚《よ》び声〟を聞くと偕に心がなごむことに、思いが到りました。

平成二十七年二月、ＮＨＫスペシャルで「腸内フローラ　解明！驚異の細菌パワー」という番組がありました。ここ五、六年の研究で、お腹《なか》には二百種類以上、百兆以上もの腸内細菌《ちょうないさいきん》（腸内フローラ）が発見されたそうです。大腸菌や乳酸菌などの腸内細菌は、食べものを分解し消化するだけでなく、それらが出すある物質の力によって、健康と美容に効果があることがわかってきたのです。腸内細菌は、肥満予防や糖尿病予防、アレルギー予防、血栓《けっせん》予防、貧血予防など、さまざまな老化防止のはたらきをしています。中には、悪玉菌《あくだまきん》といわれるようなものもありますが、腸内でがんばってくれている無数の微生物たちは、わたしたちのつよい味方でもあるのです。

腸内細菌は種類と数が多いほどよいといわれます。また、腸内細菌は食物《しょくもつ》繊維《せんい》が大好物なようですから、食物繊維の多い野菜や納豆などの発酵食品を摂《と》るように心がけています。

子どもの頃、母が「お腹を冷やしてはダメよ」と温めてくれていたのを懐かしく思い出します。いわゆる〝手当て〟は母の優しい思いから出たものですが、阿弥陀如来の温もりと重ね合わせるとうれしくなります。

わたしたちは、楽に死ぬために仏法を聞くのでもなく、また苦しみや悲しみから逃れるために、お念仏を申すのでもありません。つらいことや悲しいことがあっても、如来大悲の温もりと安心をいただいて今日一日を過ごさせていただくところに、お念仏の生活があるのです。命あるかぎり苦悩の闇からなかなか出られないわたしだからこそ、優しくつつんで摂取したもう大慈大悲を、「南無阿弥陀仏」とよろこばせていただくのです。

良寛《りょうかん》さん（一七五八—一八三一）は晩年、

災難《さいなん》に逢《あ》（ふ）時節には、災難に逢がよく候《さうらふ》。死ぬ時節には、死ぬがよく候《さうらふ》。

（『定本　良寛全集』第三巻、三一五頁）

とおっしゃったけれども、この言葉の背後には、良寛さんご自身がお念仏をよろこぶ生活をされていたことがあります。良寛さんの歌に、

愚かなる身《み》こそなかなかうれしけれ弥陀の誓《ちか》ひに会《あ》ふと思へば

（『同』第二巻、一五五頁）

不可思議《ふかしぎ》の弥陀の誓ひのなかりせば何をこの世の思ひ出にせむ

（同、五三六頁）

があります。

たしかに病はよろこぶべきことではありませんが、しかしマイナスの面ばかりでもありません。失うものがあっても、拾《ひろ》うものもあるはずです。悩んだり、悲しんだり、つらいこともいろいろあるけれども、それらがみなわたしを育てる〝ご縁〟になると思うと、病であっても無駄にはできません。いまは、古歌にある「紅梅《こうばい》や迷いし道も無駄ならず」の心境でいます。なによりも、「今現在説法《こんげんざいせっぽう》」（いま現にましまして法を説きたまふ。『阿弥陀経』）の大慈大悲のいのちに生かされてあることを、よろこびたいものです。

〈著者紹介〉

海谷　則之（うみたに・のりゆき）

1943年、宮崎県生まれ。龍谷大学大学院文学研究科哲学専攻博士課程修了。龍谷大学文学部元教授（専門＝教育学・宗教教育学）。龍谷大学名誉教授・広島県江田島市光源寺前住職。

【著書】

『癌も ご縁でした』（本願寺出版社、1998年）
『仏縁をめぐまれて』（探究社、2004年）
『こころのお見舞い―響』（共著、本願寺出版社、2006年）
『いのちの華を咲かせて―苦海を越えて』（探究社、2011年）
『宗教教育学研究』（法藏館、2011年）
『真宗保育の基礎―「まことの保育」をめざして』
（共著、真宗保育学会、2011年）
『すでに門は開かれていた！』（自照社出版、2013年）など。

このいのちを生きて　―病とともに歩む道―

2016年12月16日　第1刷発行
2017年 7月16日　第3刷発行

著者　海谷則之

発行　本願寺出版社
〒600-8501　京都市下京区堀川通花屋町下ル
浄土真宗本願寺派（西本願寺）
TEL 075-371-4171　FAX 075-341-7753
http://hongwanji-shuppan.com/

印刷　株式会社 図書印刷 同朋舎

定価はカバーに表示してあります。

ISBN978-4-89416-044-6 C0015　BD02-SH3-①70-71